金色の鳥の本

文　石井ゆかり
絵　沙羅

「青い鳥の本」「薔薇色の鳥の本」に続き、第三弾「金色の鳥の本」ができました。先の2冊をご愛読くださった皆様、本当にありがとうございます。

「ビブリオマンシー」は、本を手にとり、ランダムにぱっと開いたページの文章を「神託」として解釈する、偶然を利用した占いです。用いる本はなんでもいいのですが、聖書を用いる例が、古い小説などによく見られます。
下駄を投げる天気占いから「おみくじ」に至るまで、「偶然」を利用した占いは、世にたくさんあります。「偶然」の中に、私たちを包み込んで動いている時間の「必然」を垣間見ようとするのは、古代から変わらない、私たちの心の直観なのかもしれません。

今回の本は、仕事や勉強、お金を稼ぐことなどにスポットライトを当ててみました。とはいえ、「こうすれば稼げます！」とか「こういうふうにすれば成功します！」というような内容には、前作・前々作同様、なっていません。「もし、自分の目に今、見えていないことがあるとすれば、それはなんなのか？」という観点が、本書の文章の、おおまかな軸となっています。

就職・転職活動に悩んだり、努力しているのになかなか結果が出なかったり、人間関係に苦しめられたり、人と自分を比較して落ち込んだり、未来が見えなくて不安や焦りを感じたり。そんな状況を、誰もが経験しているのではないかと思います。そんな場面で「占い」が気持ちの切迫をやわらげ、自信の持ちかたをチューニングしてくれることがあるなら、たかが「占い」も、捨てたものではありません。

もちろん、過去の2冊同様、占いの道具としてでなく、ミニエッセイとして最初から読んで頂くことも可能です。

誰にも弱音を吐けなくて、疲れて帰ってきた夜に、この本が貴方のささやかな「味方」になってくれれば、と願っています。

石井ゆかり

「時間の使いみち」は、自分で決められるようで
実はそうでもありません。
いわば「待ち合わせ」のような格好です。

この時間をこういうことに使おう、と思って
実際にそうしてみても
そこに「時間の神様」が待っていてくれなければ
そのことはどうにも、始まりません。
どんなに「仕事をしなくては！」と思っても
時間の神様がそこにいないときは
なんだかんだで、どうにも仕事にならないのです。
そういうときは
時間の神様がひそんでいそうな場所を探して
あれこれ試してみることになります。

ちいさな不満を
「このくらいなら」
と、ガマンしてしまったがゆえに
あとになって「それは、本当はいやだ」と言えずに、
もっと大きな不満を抱えてしまうことがあります。

最初は、小さな摩擦を回避するためだけの、
ささやかなガマンだったのに
いつのまにか、大きなストレスを
修行のように耐え続ける状況に置かれたりします。

この大きなストレスが、
「もう耐えきれない！」という爆発につながったとき、
守りたかったはずの関係そのものが
跡形もなく消え果ててしまうことも、少なくありません。

一般に、ワガママは悪いことだとされますが
自分の思いを伝えたり通したりすることは
むしろ、人間関係を維持する上で
非常に重要なことなのではないかと思います。

「自分の問題」と「相手の問題」は
厳密に切り分ける必要があります。
たとえば、誰かが自分を激しくなじり、怒鳴ったとして
その感情の爆発が
八つ当たりや調子の悪さなど、
相手のごく個人的な状態によるものなのか
それとも、自分の行動に本質的原因があるのかは
きちんと区別しなければなりません。

本来は、相手に固有の問題なのに
それを、自分自身の問題として考えてしまったがゆえに
背負わなくてもいい大問題に苦しめられてしまう、
ということがあります。
優しく思いやり深い人ほど、
そうしたワナにはまりやすいようにも思われます。

甘えあえる関係
というものは
けっこう、どこにでも成り立つもののようです。

なのに、
少し寄りかからなかったばかりに
結果的に
相手の体重を受け止めてあげることもできなかった
ということが
たぶん
生活の随所に、起こっているように思えます。

自分のため、自分のわがまま。
相手のため、相手のわがまま。
両者は、入り組みながら、絡まり合っています。
どっちか「だけ」にすれば自分を守り、強化できる
というのは
一種の「誤解」です。

道がまっすぐだ、と思い込んでいると、
山に入る本当の登山道が
なかなか見つからなかったりします。
「結果を出すというのはこういうことだ」
と気負い込んでしまったばかりに
自分にぴったり合った形の「結果」が存在する可能性に
気づかない場合があります。

誰かがすでにやったやりかたを見てしまうことは
「最低限」に抑えておいたほうがいい場合があります。
ゲームのルールを学ぶことは必要でも、
ゲームの中で一般に用いられる定石や必殺技などを
最初の段階であまりに知りすぎてしまうのは
かえって、危険なのです。

すでにある枠組みの外側で考えたときにしか
「誰も見たことのないもの」は
生み出せないからです。
「すでにできあがっているやり方を学ぼう」
と思った瞬間に
自分の中にあるいくつかの創造的な引き出しが、
「封印」されてしまうことがあるわけです。

ある魅力的な場所があったとしても
そこに「行けるかもしれない」と思わなければ
「行きたい」というふうに、
意識的に願うことができません。

「行けるかもしれない」
なんて思ったことがなかったのに
ふと
「行けないこともないか」
「なんで行けないと決めつけていたんだろう?」
というふうに、
ふわりと「壁」が消え失せるような瞬間が
不意にやってくることがあります。

「行けない」「できない」
という思い込みが消えたとき
「行ってみたい」「やってみたい」
という願いが、突然目の前に現れます。

仕事の上の出会い、先生と生徒としての出会い、
ご近所同士としての出会い、大家と借り主の出会い、
スタッフとお客としての出会い、等々、
毎日のように、私たちは「出会い」を得ていますが、
それらの「出会い」のほとんどが、
社会的な「型」に填《は》め込まれています。
その「型」をこえて、
一人の人間としての接触を生み出すことは
非常に難しいことのように思われます。

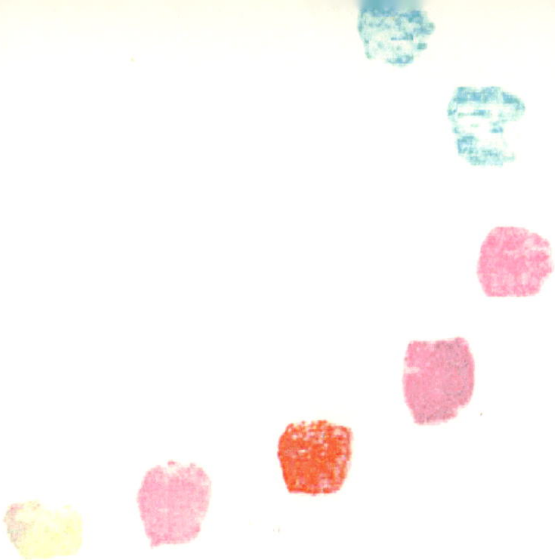

でも、そうした「型」の中の出会いであっても
ふと、相手の本当の表情に触れたとき、
私たちは充実し、感動し、
「信頼」に、一歩近づくことができます。
相手が自分と同じように、「人」であるという事実が
そこで初めて、霧が晴れるように、現れるからです。

大人になると
「まるくなる、やわらかくなる」と言われますが
その一方で、「かたくなっていく」部分もあるようです。

前者は、他者に対する態度で、
後者は、物事の認識の仕方や
「常識」の扱いかたである場合が
多いように思われます。

自転車や、スケートボードや、小舟などに乗ると
「乗り物に乗っている」感覚を
常に、鮮やかに意識し続けることになります。
でも、これが「バス」「電車」となると、
私たちは「乗っている」ことを意識せずに、
本を読んだり音楽を聴いたりできます。
さらに大きな、
地球の自転やプレートテクトニクスとなると
もう「動くものに乗っている」感覚は、ゼロです。

大きなものに乗っていると、
それに「乗っている」ことを感じられなくなります。
組織などの人間集団や、文化や国、
私たちを取り巻く「場の空気」なども、その一種です。

「勇気づけられる」「元気づけられる」のは、
自分が闘っているその闘いについて、だれかに
「その闘いは、闘うべき闘いだ」
と認められたときではないかと思います。

誰もが、日々、

悩みや苦しみ、不安や孤独などと闘っていますが

その闘いを

「それでいい！」

と認めてもらえることは、なかなか、ないのです。

もし、力強く

「それでいい」と頷いてくれる人がいたら、

それだけで、苦しいはずの闘いが、

喜びや充実へと変わる場合だってあります。

私たちは、
自分の生活の中に「いいこと」を探すとき
どうしても、近視眼的になり
あるいは、ふるいのような目になります。

期待という網目に引っかからないものは
全部下に落として、捨て去ってしまいます。

でも、現実に起こる物事は
バラバラに存在しているわけではありません。
小さなことや大きなことが連携して
自分を包み込むような時空ができあがっていて
自分自身も、その時空の構成物となっています。

人生では時々

「思い切って会いに行く」

というシチュエーションに立ち至ります。

「面接」なども、かなり勇気の要る「出会い」です。

他にも、ずっと憧れていた人物に会うとか、

隠していた問題を打ち明けて相談しに行くとか、

心を入れ替えて謝りに行くとか、

意地っ張りを反省して援助を請いに行くとか、

心の中のいくつかのハードルを懸命に越えて、

自ら、誰かに会う、という場面があります。

そうしたからといって、

結局、会ってもらえない場合もありますし

会っても、期待通りにいかないこともあります。

一方、予想外にうまくいくこともあります。

郵便はがき

料金受取人払郵便

豊島局承認

5824

差出有効期間
平成26年11月
18日まで

170-8790

038

東京都豊島区南大塚2-32-4
パイ インターナショナル 行

書籍をご注文くださる場合は以下にご記入ください

●小社書籍のご注文は、下記の注文欄をご利用下さい。**宅配便の代引**にてお届けします。代引手数料と送料は、ご注文合計金額（税込）が3,150円以上の場合は無料、同未満の場合は代引手数料315円、送料210円（全国一律）。乱丁・落丁以外のご返品はお受けしかねますのでご了承ください。

●**お届け先は裏面に**ご記載ください。
（発送日、品切れ商品のご連絡をいたしますので、必ずお電話番号をご記入ください。）

●電話やFAX、小社WEBサイトでもご注文を承ります。
http://www.pie.co.jp　TEL：03-3944-3981　FAX：03-5395-4830

ご注文書籍名	冊数	税込価格
	冊	円
	冊	円
	冊	円
	冊	円

注文書

ご購入いただいた本のタイトル

●普段どのような媒体をご覧になっていますか？(雑誌名等、具体的に)

雑誌（　　　　　　　　　　　）　WEBサイト（　　　　　　　　　　　）

●この本についてのご意見・ご感想をお聞かせください。

●今後、小社より出版をご希望の企画・テーマがございましたら、ぜひお聞かせください。

フリガナ お名前	男・女	西暦　　年　　月　　日生　　歳
ご住所（〒　　　—　　　）　TEL		
e-mail		
ご職業		
お客様のご感想を新聞等の広告媒体や、小社Facebook・Twitterに匿名で紹介させていただく場合がございます。不可の場合のみ「いいえ」に○を付けて下さい。		いいえ

ご記入ありがとうございました。お送りいただいた愛読者カードはアフターサービス・新刊案内・マーケティング資料・今後の企画の参考とさせていただき、それ以外の目的では使用いたしません。なお、ご記入いただいたデータは本書の制作協力会社PIE BOOKSと弊社にて共有させていただきます。
読者カードをお送りいただいた方の中から抽選で粗品をさしあげます。　4372 金色鳥

でも。

相手のリアクションがどうだったとしても、

「思い切ってアクションを起こした」

ということそのものが、

自分が、少し強くなったことの証明で、

本当はそれこそが、

最もすばらしいこと、なのです。

多くの人が

運命や幸運は「外側から来る」と信じています。

でも、本当の運命は、ひょっとすると

身体の「内側に生まれる」ものなのかもしれません。

「自分を見失いそうなときは、家のことをしなさい」
という話を聞きました。
「生活」にまつわる雑多な作業を無心に行うとき、
たしかに、ふわふわと浮ついていた心持ちが
身体の中に降りてくるような感じがします。

「自分から逃げてばかりいる人は、
一人でじっとしていることができない」のだそうです。
一時的に頭の中を支配してくれるものをもとめて
映画やテレビや本やインターネットやゲームなど、
さまざまな娯楽に頼る私たちですが、
じっと自分だけといっしょにいる時間を持つ
ということも
「自分」と巡りあうための、
ひとつの方法なのかもしれません。

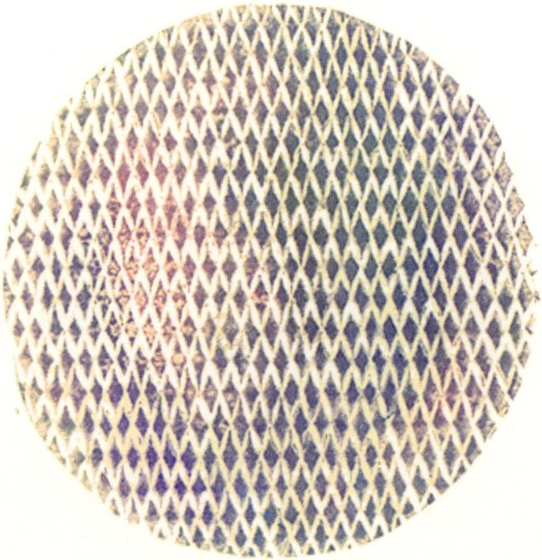

「肉体を一瞬で鍛えられると思う人は誰もいないが、
精神については、そう考える人がたくさんいる。」
と、ある人が言いました。

「心を強くしたい」「精神的に強くなりたい」
と思う人はたくさんいますが、
「心」や「精神」といったものも、
肉体と同じように、
鍛えるには長い時間と、努力と、
繰り返しや積み重ねを、必要とするはずです。

「セレンディピティ」

とは、

探していたものとは違うものばかり発見してしまう能力

のことです。

では、発見したものが役に立たないか、というと

決してそうではありません。

むしろ、探していたものよりもずっと

見つけたもののほうが

「真実を捉えている」

ことがあります。

ふと思い立って、長かった髪の毛をばっさり切ったり、
特に理由もないけれど、
普段持っているものの色を明るくしたくなったり。
頭で考えるよりも身体のほうが先に
「時間」の変容を敏感にキャッチしていることも
けっこう、あるようです。

「怠け」とか「甘え」とかいう自己批判の言葉で
自分のコンディションを自ら悪化させている人を
本当によく見かけます。

それ以外にも、
得体の知れないものから身を守りたい一心で、
ごく不自然なやり方で、
「内なる他者」の恨みがましい期待に
なぜか、応えようとしてしまうことが
誰しも、あるものだと思います。

人から非難されないために。
人からバカにされないために。
人から嗤われないように。
そんな気持ちが、自分を壊していくなんて
なんと悲しいことでしょうか。
ときに私たちは、そのことになかなか気づかずに
自分を守れないまま、苦しみ続けます。

そうしたことの無意味に気づき
生活する上での価値観や時間のリズムの刻み方を
がらりと変えなければならないこともあります。

河合隼雄さんの本に、こんなことが書かれていました。

「いつも80点以上とろうとする人がいる。

この人は、60点で十分なところでも

80点とろうとするが、

ここだけは絶対に100点でなければならない、

というところでも

やっぱり80点しかとろうとしない。

それで、『こんなにがんばっているのにうまくいかない』

と嘆いていることがある」。

たとえば、

誰かを助けてあげようとして、

手をさしのべたはいいものの、

途中で「このくらいでいいかな」と

手をゆるめてしまったがゆえに

相手はかえって、大コケをしてしまう

というようなことも、世の中にはあります。

「徹底的にパワーをつぎこむ」ことによってしか、

救いだせないものがあるのだろうと思います。

歴史の教科書には、
灌漑工事に触れた記述が多く見られます。
広い土地に豊かな水を引くことで、
生産力が飛躍的に拡大すると、
その土地全体の風景も物語も、
大きく変わっていきます。

それまで天のものであった力を、
人間が「自分のもの」とするような大工事や大建設は
歴史を変えることがあります。
私たちの個人的な人生の中でも、そんなふうに
「天に任せる」やりかたから、
自分の力で切りひらくやりかたにシフトすることで
生活全体が変わってしまう場合があります。

「黙って耐える」ことを
美徳と捉える人も多い世の中ですが
そうした美徳を他人に要求する人ほど、
無神経で利己的です。

自分の姿を鏡に映して見るとき、
人は無意識に、一番美しい姿をそこに見いだそうとして
普段とは違う表情をしたり、
ポーズをとったりするそうです。

自分の姿を肉眼で見ることは一生、できないわけですが
自分の内面についても、
なんの装備もなしに大気圏外に出られないのと同様、
それを完全に客観視することは、不可能です。

人はだれでも、

手持ちのカードで戦わなければなりません。

戦う前に手持ちのカードを見て、

どうにも勝算が見えず、自信が持てなくても

いざ、勝負の場に出たとき

自分の持っているカードの「真価」に気づかされる

ということもあります。

私が子供の頃は、友達を遊びに誘うとき、
ドアのチャイムなど鳴らさなかったように思います。
外から大きな声で、友達の名前を呼び、
「あそぼう!」と誘いかけると、
しばらくして、家の中からバタバタと音がして、
やがて、友達が玄関から駆けだしてきます。
それは、気軽なものでした。

チャイムを鳴らすことなく呼ばわるというのは、
「相手もそれを望んでいるに決まっている」
という、明るい信念があるからだろうなと思うのです。
お伺いを立てるのではなく、
もうすでに相手の気持ちはちゃんとわかっているから、
気軽に大声で呼び出せたわけです。

道も、駅も、学校も、
みんな、時間の流れの中で
すばやく通り過ぎていく場所です。
一方、
公園とか、図書館とか、喫茶店とか、放課後とか、
しばらく「居る」ことができる場もあります。

「この世」を、「仮寝の宿」と称したのは
言い得て妙だと思います。
すべてが旅のように通り過ぎていく一方で、
じっくり「居る」ことのできる時空もある。
おそらく、両者はお互いを光と影のようにして
成立しているのかもしれません。

「通過」しすぎて疲れたときは立ち止まり、
「居つき」すぎて飽きたときは移動してみる。
それが、問題の「打開」につながることも
めずらしくないようです。

「僕の前に道はない
　僕の後ろに道は出来る」

有名な、高村光太郎の詩の一節です。

もし、それがほんとうであるなら
自分の前をいくら見つめても道が見つからないとき、
ふと、自分が来た道を振り返ってみると
自分が今どこに向かっているのか
わかるかもしれません。

あるいは、過去を振り返ってみて
これまでのベクトルを確かめたとき
それが、今の自分の心に沿わないならば
そろそろ、方向転換の時なのかもしれません。

そんなふうに「過去」は、
「今」の自分にとっての、
大切な「指標」になってくれることがあります。

「バランス」は、人それぞれに成立します。
「バランスよく食べる」というと、
色々なものを偏りなく、まんべんなく食べる
ということを意味するわけですが、
人はみんな体質が違っていて、
いくら食べても肥らない人もいれば
とても肥りやすい体質の人もいます。
こう考えてみると、「いいバランス」というものは
たったひとつの原則が誰にでも当てはまる、
というわけにはいかなさそうです。

生活のあり方もそうで、
どういうバランスが自分の生き方に合っているか、は
人によってずいぶん違っていると思います。
それを、たったひとつの型にはめようとしてしまう人も
少なくないわけですが
自分に合わない「型」にムリヤリはまりこもうとすると、
足に合わない靴で靴ずれを起こすように
「型」が自分を傷つけてしまう危険があります。

居場所は、幼い頃は「与えられるもの」です。

大人になると、これが

「獲得するもの」

「構築するもの」

「守るべきもの」

へと、変わっていきます。

たとえば、小さな机をひとつ置いただけで、
「カウンターの中」「お客さんの居場所」というふうに
「場」が仕切られます。
さらにそのしきりに従って、お互いの役割が決まります。
その役割に従って、私たちは行動します。

そんな「仕切り」が長く保たれると
私たちは、その「仕切り」が、
たったひとつの小さな机でできているということを
いつのまにか、忘れてしまいます。
それが絶対に動かせないルールのように感じられ、
その「仕切り」を越えることが
「マナー違反」とされたりするわけです。

でも、ときには

「それが、ちょこんと置かれた小さな机にすぎない」

ということを、思い出す必要があると思います。

人間がつくり出した「仕切り」なのですから、

人間の手で変えてしまうことも可能なのです。

人間と人間が関わるところには
リクツや計算では説明しがたいものが
常に、血流のように発生しています。

出張のお土産とか、祝儀袋とか、「ご挨拶」とか、
なんだかよくわからないもののやりとりを介して
うなずきあって関わっています。
なぜか「他人」にどうしても抱きつきたくなったり
なぜか、お腹の中から子供が出てきたり
そういう、「なぜだかわからないけどそうなる」ことで
私たちの人間関係は、できあがっているわけです。

説明がつかなくても、計算があわなくても、
どうにも、しかたなく、そうなるしかない。
そんな「関わり」の中に、
ときどき、自分の手で、
花の球根を植えることもできます。

「努力」というと
「同じことを、長い時間、淡々と繰り返す」
というイメージがわきます。
でも、実際「努力」には、
いろいろな様式があるように思われます。
早起きの人もいれば、宵っ張りの人もいるように、
自分に合った努力のスタイルというものがあります。

「どうせ続かないから」と、
努力を始めること自体を
はなから諦めてしまう人も少なくありません。
でも、たとえば、
「三日坊主」を少しだけ引き延ばし、
一週間、二週間だけでも続けて、
そろそろ続かなくなった頃に、心機一転、
再び「少し長めの三日坊主」をスタートさせれば
結果的に、努力が続いていることになります。

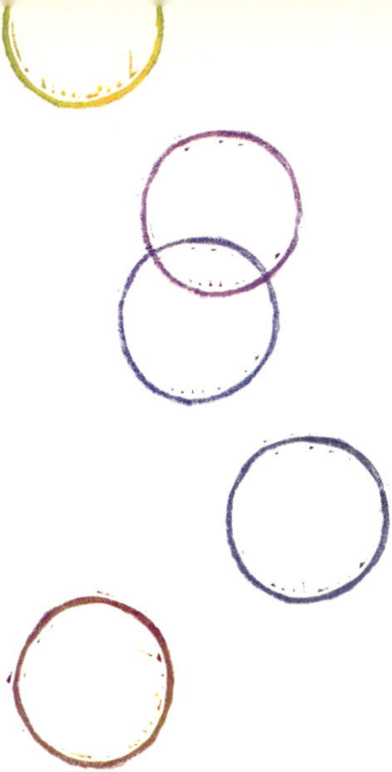

「その場にふさわしい顔をすること」ではなく
「自分自身であること」を求められるのは
覚悟も要れば、気合いも要ります。

「普段どれほど深く考え、
どれほど感受性ゆたかに生きているか」
が問われる、真剣勝負のできごとです。

「果実を分かち合う」よりも
「苦労を分け合う」
「負担を分け合う」
ことのほうが、
人間関係を作り、長続きさせるために
ずっと強力に作用するように思われます。

「王様と友達になれる」として、
何が嬉しいかと言えば
「王様と友達だ」ということを人に自慢できること、
でしょうか。
それとも「守ってもらえる」ことでしょうか。

そうしたことも嬉しいかもしれませんが、何よりも
自分が見ているのとは違った景色を、
王様である友達の目を通して、
垣間見ることができる、ということが
一番大きな「財産」ではないかと思います。

自分が自分だけの自分でいる限り、
自分から見た景色しか見ることができませんが、
他者、あるいは社会的に立場が上の人々と関わるとき、
私たちは、自分が普段見ているのとは違った景色を
ちょっとだけ、のぞき見ることができます。

自分と他人を比べるとき、
私たちは自分の目をごく客観的だと考えますが
実際、まったくそんなことはありません。
自他を比較するとき、私たちはたいてい
主観のもっとも大きなバイアスにはまっています。

たとえば、レストランで食事を注文するときでも
それが新メニューであったり、
初めてのお店であったりする場合は
美味しいかどうか、好みに合うかどうか、
食べてみるまでは、わかりません。

さらに言えば、よほどのことがない限り、
美味しかろうが不味かろうが
さだめられた料金を払わなければなりません。

何かを選んだ瞬間に私たちは、
「満足度」への小さな賭けをしているわけです。

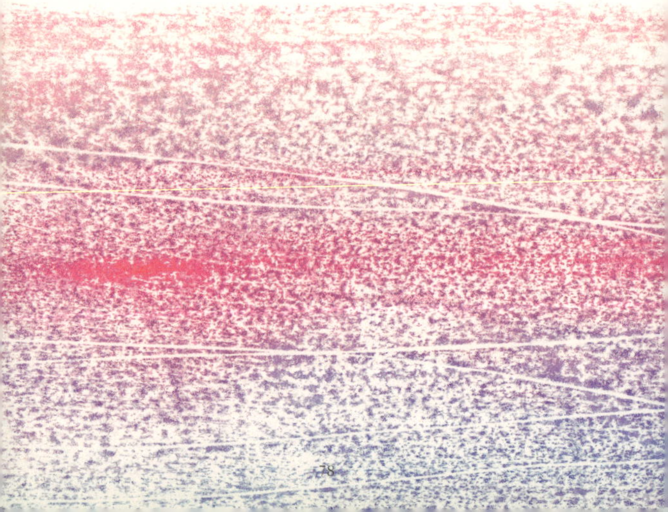

点描画を鼻先まで近づけて見ると
何が描かれているのか、ちっともわかりません。
日々の出来事や生活も、
ひとつひとつが「点」のようなものなので、
そのつぶつぶだけを見つめていても
「全体」はなかなか、見えてきません。

「全体」を心に思い描きながらつぶつぶを描く場合と、
なんの想念もなくつぶつぶを連ねた場合とでは、
最終的にできあがる像は、
違ったものになるはずです。

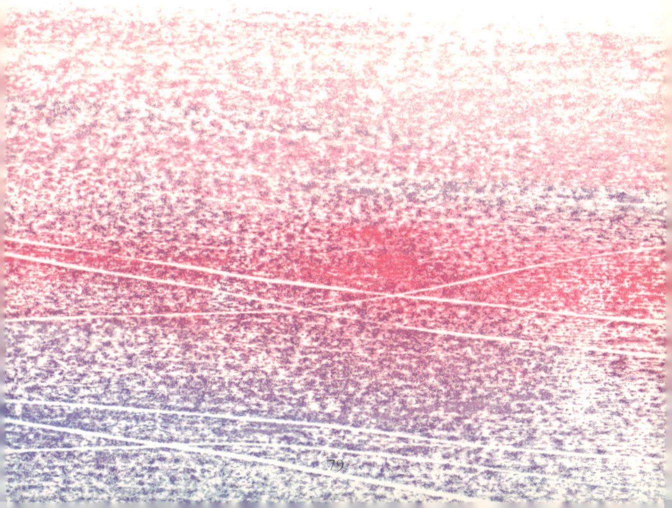

「自分の世界」というと、
ごく個人的な世界のように思えますが、
たとえば、芸術家やミュージシャンなどにとって
「自分の世界」はイコール、
自分の専門分野における「世界」であり、
ただ個人的なだけのものにはとどまりません。
むしろ、その中に多くの人を巻き込んでしまうような、
とても「外の世界」のもの、と言えなくもありません。

アーティストに限らず、
もっと散文的な活動においても
「自分の世界」を作り、守ることは
とても大切なことです。

自分はどんな人間だろう
と思ったとき、
欠点ばかり思いつく人も少なくないようです。
自分が何でできていて、その材料をどう使っているのか、
自分のバックグラウンドにどんな特徴があって、
それがどういうふうに顕在化しているのか。
何が好きで、何が嫌いか。
いろいろな切り口から
「自分はこんな人間だ」
という像を形作っていくとき、
驚くほどたくさんの条件が
「自分」を作っていることに気づかされます。

誰とも完全一致しない「自分」が、
そこに浮かび上がります。

誰でも無意識に、自分の「得意技」を用いています。
「自分はこうすれば上手くいくのだ」
という感覚は、ジンクスから熟練の職人技に至るまで、
さまざまに身についているものだと思います。
自分では「得意技だ」と意識していなくとも、
身体が自然にそう動く、自分の最もやりやすい方法
というものが、誰にでも、あると思います。

これは、仕事や勉強やスポーツや生活の方法の他、
人間関係やコミュニケーションのとりかた、
恋愛のやりかたに至るまで、当てはまります。

そうした「得意技」がいつのまにか、
ぜんぜん通用しなくなることがあります。
加齢や世の中の変化、相手に分析されてしまうなど
さまざまな理由で、
「得意技」が無効になってしまいます。

そんなとき、古い「得意技」を捨てて
新しい技を開発することは、非常に辛く難しいことです。
そして、その辛さは、
他人にはわかってもらえません。

人と人とが「会う」のは
実に不思議なことです。
友達に会いたくて電話しても出なかったり
待ち合わせの場所に行ったのにすっぽかされたり
そんなことだってめずらしくないわけです。

約束したからって、
「会えるのが当たり前」
ではありません。

誰もが「欲」を持っています。
この「欲」さえなければどんなにラクだろう!
と思えることもありますが、
まったく無欲な人、というのをイメージすると
取り付く島もないような、感じがします。

人に言えなくても、自分でも認めることができなくても、
心の中に熱いマグマのような「欲」を秘めていて
それが原動力となるからこそ、
私たちは努力したり、闘ったりできるのかもしれません。

何かに強烈な魅力を感じるとき、私たちは、
それらが魅力という縄で引っ張るように
私たちを「引き寄せて」いるのだ、と感じますが
実はそうではなく
私たちの「欲」が、相手の姿や力に感応して燃え上がり
私たちを内側から突き飛ばしている、というのが
たぶん、現実に近いかたちなのかもしれません。

創造的である、ということは
非常に苦しいことです。
なぜなら、
どこかに正解があってそれを当てればよい
ということではないからです。

どんなに「参考になる意見」を聞いても
結局、最後の所は自分自身で決定しなければなりません。
それは、不安で、あやふやで、
「ほんとうにこれでいいんだろうか？」という疑問を
最後まで払拭しきることはできないままに
選び取られるしかない答えです。

それを見た他人は、
批判したり、賞賛したり、さまざまな反応を示します。
そうした「反応」も、一見、客観的意見のようでいて、
その実、発話者のバックグラウンドと深い心理から出た
ごく個人的な「主観」でしかありません。

たとえば、

植物を育てようとするときは
あくまでその植物のタイミングに合わせるのでなければ
なかなか、結果は出ません。

どんなに意欲があっても、どんなに積極的でも
自分のリズムに固執しているせいで、何も動かない
ということが、ときどき、あるようです。

ヘレン・ケラーが「言葉」と出会った瞬間の話は、
とても有名です。
盲目で耳も聞こえない彼女は、
家庭教師のアン・サリバンが彼女の手の上に教えた
「手話」のパターンを、すぐに覚えてしまいました。
でも、彼女にとって、それは「遊び」でした。
その不思議な「遊び」のパターンが、
世界を捉え、他者と対話するための手段、
すなわち「言葉」である、と知ったとき、
彼女の世界は大きく変わりました。

私たちの生活にも、これとよく似たことが起こります。
表層的にはわかっていたことについて
いったいそれが「なんの意味を持つのか」を
あるとき突然悟る、ということがあるものです。
「知識としては知っていたけれど
それってそういうことだったのか！」
というふうに、
すでに知っているものの「実体」に
初めて出会うことがあるわけです。

もし、旅の最中に起こることを
あらかじめ全部知ることができるなら
人は、旅に出るでしょうか。

あらかじめ、先のことがみんなわかっていたら
人は、それでもその先へ進もうとするでしょうか。

「わからないから、進む」。
私たちはしばしば、そんな選択をします。

そういうときは、
「なぜその道を選んだのか」
その理由を説明できるものではありません。

ある人が、家を買おうと考えたのですが
「お金が足りないが、借金をするのはイヤだ」と悩み、
そのことを、知人の女性に相談しました。
すると、彼女はこう教えてくれました。
「お金を、一番尊敬している目上の人から借りなさい。
そうすれば、相手が困ることにはならないから。
そして、毎月、日を決めて、自分で返しに伺いなさい。
間違いなく返せば、大きな信用がつくから。」
この人は、アドバイスのとおりにしました。

お金を貸した人は財産家でしたが、
すでに引退しており、人と会う機会も少なかったので
お金を返しに来るこの人と毎月会うことを楽しみにし、
来る度に歓待して、勉強になる話を聞かせてくれました。

「負債」を、そんなふうにして、いつのまにか
お互いの喜びや、
目に見えない財産に変えてしまうこともできるのです。

人間はおかしな生き物で、たとえば、
「樹木を守るために！」という目的で始まった議論が
その手段についてケンケンゴウゴウやっているうち、
最終的に、当の樹木が一番迷惑を被る結論に至る、
なんていうことがめずらしくありません。

そうしたおかしなねじれを、
「おいおい、そっちにいくのは、おかしいぞ！」
と引き戻すアクションを起こすのは
非常に勇気のいることですし
時には、何かをそぎ落とすような痛みも伴います。

「人に迷惑をかけない」「失敗しない」
ということだけを見つめていると、
こういうねじれを食い止めることは
なかなか難しいもののようです。

いつも同じ姿勢でいると、
肩が凝ったり、腰が痛くなったりします。
それと同じように、
心や頭もまた、いつも同じ使い方をしていると
だんだん、固くなってしまうんじゃないかと思います。

「何もせずに休む」ことも、
疲労をいやす上で、大切なことですが
凝り固まった心や頭には、
なんらかの新しい刺激によってもみほぐすことのほうが
「効く」場合もあるようです。

私たちは
「手の中にないもの」
を数えるのが本当に、得意です。
何かを失ったときにはじめて
「ああ、あんな価値あるものはなかった！」
と叫びます。
「これさえあればうまくいくのに！」
と思い続けたものが手に入っても
なにもしない、ということもあります。

手の中にあるものの価値に疎く、
手の中にないものの価値に強く惹きつけられる。
このことは、
人の生命力そのもの、と言いたいような
激しいエネルギーです。
時には「ないものねだり」こそが
人生を前進させることも、あるのかもしれません。

人がくれる「プレゼント」は
時に、かなり意外です。

そこに、相手が見ている「自分」の姿が
ありありと映し出されているのがわかり、
そのイメージに驚かされます。

「ちょっと違うかも」
と思いつつ、
その「プレゼント」を引き受けてみると
意外と自分に合っていた！ ということも
めずらしくありません。

やりかたを変えるということは
いままで採用してきた方法を
いったん否定し、破棄するということですから
かならず、痛みを伴います。

でも、
新しいやりかたを試してみてその効果が納得できたら、
古い形を棄てた痛みは、わりとすぐに、
消えていきます。

本当に愛情のこもった眼差しは、
相手の美しさや強さよりも、
悲しみや疲労や苦しさや孤独を
見ているものだろうと思います。
どんなに元気そうな人でも、
どんなに活躍している人でも、
心の奥に、誰にも知られない苦さを
隠していないとは限りません。

友達から

「お金を貸してちょうだい」

と言われて

「ダメだよ」

と言えるのは

その人が、

自分の人生のなにごとかを信じているからだと思います。

その友達との関係を信じていたり

その友達が友達でなくなっても困らないと思えていたり

とにかく、「ダメだよ」と言っても大丈夫だ

という確信があるから、

ノーと言えるのだろうと思います。

想を練ったり、計画を立案したりしているとき、
そこには非常にスケールの大きな作業が
まさに、盛大に進められているにも関わらず
外側から見ると、「何も起こっていない」ように見えます。

「何かが起こっている」ことと
「何も起こっていない」ことは
実際、見かけと中身で逆転していることが多いのです。

観衆がドラマや映画を見ているときには、
製作者はすでにすべてを終えているのに似ています。

互いの力が完全に同じではないからこそ
そこに「動き」や「流れ」が生じます。
水は、平らなところでは流れません。
段差ができたときにこそ、水は流れ出します。

静止した水は、澱み、腐っていきますが
流れる水は、生命の源です。

お金の使い方について
「どう節約するか」を教えてくれる人はたくさんいても
「どう使えば一番ハッピーになれるか」
を教えてくれる人は
なかなかいないような気がします。
これは、節約法と違って
「誰にでも当てはまるルール」が
一切、存在しないからかもしれません。

自分一人で美味しいものを食べたり、
好きなものを買ったりするのは
確かに楽しいことですが
その一方で、誰かへの贈り物を買ったり
誰かとの時間のためにお金を使ったりすることも
自分の物を買うこと以上に「楽しい」場合があります。
これは「相手が誰か」にもよるわけで、
そう考えていくと、
「どう使えば一番ハッピーになれるか」は
非常に総合的で、広範な視野と深い思案を必要とする、
かなりの「難題」なのかもしれません。

特に辛い目に遭ったり、訓練したりしなくても
だんだんに強さを手に入れられることがあります。
ちょっとした経験がきっかけで弱さを乗り越えたり、
誰かの支えを得て、
かつて怖かったものが怖くなくなることもあります。

「強くなった自分」については、
少し立ち止まって、
過去の自分と、じっくり比べてみないと
なかなか、気がつきません。

椅子や手すりが丈夫でなければならないのは
人の体重を支えてもらわなければならないからです。

体重のような物理的な重み以外にも、
「自分を支えるだけの強度がなければならないもの」が
生活の中にはたくさんあります。

日々の生活スタイルや、スケジュールの密度や、
頼りにしている人の心や、自分自身の体力、精神力。
生活の中で、自分の「重み」を支えるさまざまなものに
それにふさわしい強度が備わっているかどうか、
定期的に、点検することも
大事なのではないかと思います。

「力をあわせる」。
たとえば、大勢で引く綱引きのように
同じ種類の力を、
同じ方向に「あわせる」ことがあります。

その一方で、
さまざまに違った種類の力を「組み合わせる」ことで
ひとつの大きな力を生み出すことができる場合もあります。

世の中には、
腕力、財力、知力、体力、権力、集中力、胆力など
挙げればキリがないほどたくさんの「力」が存在します。
人と自分を比較して「力がない」と嘆く人もいますが
自分が出すべき力に気づいていなければ
その比較は、そもそも意味がありません。

自分に厳しくすることがいいことだ
と思われています。
眠っていないとか、食べていないとか、
そういうことを自慢する人も少なくありません。
でも、それらが本当に自慢すべきことなのかというと、
決してそうではありません。
「自己管理」などという妙な言い訳をしなくても
自分がやりたいことをするために、
動きたいと思ったときに動ける状態であるために、
自分の現状を実感として感じとり
それに具体的に働きかけることは
当然と言えばあまりにも当然のことです。

駅の洗面所で
「いつもきれいに使って下さってありがとうございます」
という張り紙を見かけることがあります。

「きれいに使いましょう」と頼むのではなく
「きれいに使って下さってありがとう」
とお礼を言われるほうが、効果があるのでしょう。
そういえば、子供に「早くしなさい！」と怒鳴るよりも
「昨日より早くできたね、すごいね」とほめるほうが
子供の「早くしよう」というモチベーションは上がる、
という話を聞いたことがあります。

ストレートに「要求」するのではなく
むしろ、要求したことについて
「もうすでに、叶いました」と言ってしまうほうが
相手の動きをうまく引き出せる、なんて
実に面白いことだと思います。

自分自身についても、ダメ出しばかりするのではなく
そんな対応をするほうが、効果的なのかもしれません。

不安になったり、ややこしい状態になったりすると
私たちは、五感をないがしろにします。
慌てて、よく前を見なかったり、
怖くて目をぎゅっとつぶったりします。

本来なら、不安定な状態のときほど、
五感をフルに働かせることが必要になるはずです。
でもなぜか、物事がうまくゆかなくなると、
私たちは注目したり注意を向けたりすることを
端折《はしょ》ろうとします。

五感よりも想像力を優先し、
目の前に在るものではなく、
未来や過去など、ありもしないものを見つめて、
なにかが見えたような気になります。
私たちの「悩み」の大部分は
そうした「ありもしないもの」で作られています。

「成功」
という言葉の定義は
なかなか難しいものだと思うのですが
たとえば、パン屋さんを始めたとして
そのパン屋さんを近所のみんなが
それぞれの生活の中で当たり前のように必要として
その「必要」のボリュームで
パン屋さんが十分「食べていける」ようになったら
たぶんその事業は「成功」と言えると思います。

「自分が生きていけるほどに
周囲がそれを必要としてくれる」。
これも、ひとつの「成功」の基準と言えるのでは、
と思います。

「興味がある」「関心がある」という言葉は
一見、さらっとしたライトな表現ですが
その実、なかなかの重みを含んでいます。

というのも、これをひっくりかえして
「興味がない」「関心がない」
とすると、とたんにその対象との距離が、
かぎりなく遠く感じられるからです。

人は心のどこかで、
世界中に散らばった
「自分とは関係がないはずのもの」たちのなかに
自分の分身のような「かけら」を
探し続けているものではないかと思います。
何かに「興味」や「関心」を持つ、ということは、
そんな「自分のかけら」を対象の中に見いだした、
ということなのだろうと思います。

子供の頃は、教科書のナカミを覚えるのが「勉強」で
人とおしゃべりしたり、漫画を読んだりするのは
娯楽にすぎないと感じられます。

一方、大人になると
人の会話からも、何気ない記事からも、
学ぶことは大変多いものです。
マンガやゲームでさえ、
子供の頃には遊びだったものが
大人になると、十分勉強になったり、
責任ある「仕事」になることもあります。

大人になると、「学ぶ」ということが
自分から離れた遠い世界について知ることではなく
自分が今まさに生きている世界について知ることに
変わっていきます。
人の心について学んだり、
恋人の愛を学んだりすることさえあります。

もちろん、子供の頃から
「目の前に広がる世界」について学んでいるのだ
という意識を持てる、幸運な人もいます。

多くの人が
「自分にとって嬉しい状況になっていけばいいな」
と思っています。
そして、同時に、
「状況を好転させるには、どう行動すればいいだろう?」
と考えます。

「そうならないかなあ」という期待と、
「そうなるように、こう動いてみよう」という、行動。
この2つがうまく噛み合ったら
これほど素敵なことはありません。

でも、多くのドラマに描かれるように、
人が自ら起こすアクションと、
その人を取り巻く状況の展開とは
必ずしも、当人が想定したとおりにはなりません。
ですが、その人の起こしたアクションに
まったく意味がないかというと
それもやっぱり、ちがいます。

意味があるけれど、想定通りの噛み合いかたではない。
現実の世界においても、
そんなところがあるのではないでしょうか。

自分がしてあげたことは覚えていても
人からしてもらったことは
けっこう、忘れてしまったりするものです。
いやいや、私は恩義を大事にするほうだ
という人でも、
誰かがしてくれたささやかなサポートを
すべて意識にのぼらせることができているかどうか、
たぶん、わからないだろうと思います。

あるご夫婦が、試しに、
自分が相手にしてもらったことと、してあげたことを
めいめい、リストに書き出してみたそうです。
すると、両者は、内容もボリュームも
ほとんど噛み合うところがありませんでした。

私たちは「借りを作りたくない」という気持ちを
心のどこかに潜ませていて
それが、相手の苦労を見えなくしてしまいます。
でも。
自分がしてあげたことを相手が覚えていてくれたら、
相手のことを安心して、好きになることができます。

迷路にいるとき一番問題なのは
「この迷路から抜けられないかもしれない」
と思ってしまうことです。
この「出られないかもしれない」という恐怖が
「早く脱出しなければ」という焦りとなり、
闇雲に進んでは同じ場所をぐるぐるまわる、
苦しい状況につながります。

多くの人が「完全な人」になりたくて
「自分に足りないところ」を追加し
「自分の過剰なところ」を
削り取ろうとしているように見えます。

「今の自分ではないものにならなくては！」
と思ってしまうとき
私たちは、自分が果たすべき役割や歩くべき道を
自動的に見失ってしまうようです。

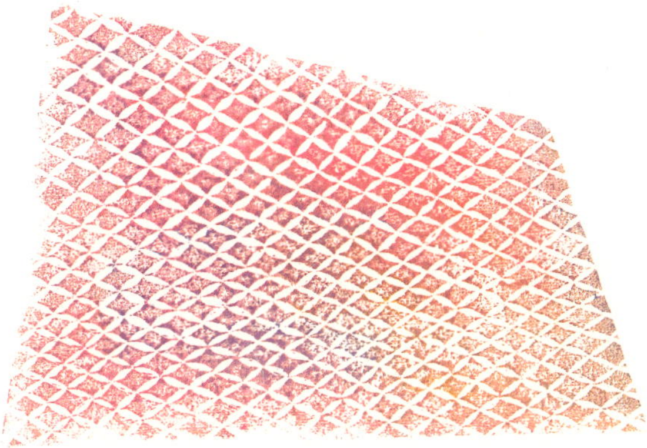

同じ「場」を共有していたり
同じ「関係の輪」の中にいたりしても、
見ている景色は、人によって違います。

自分のことばかり考えている人もいれば、
ある一人のことしか目に入っていない人もいれば、
全体を見渡している人もいれば、
輪の外側から自分たちを眺めることができる人もいます。

「いい人でいること」

「誰からも『いい人だ』と思われること」

を、私たちはつい、目指してしまいがちです。

他者に対しても、

「間違いをしない」「偏った意見を持たない」ことを

厳しく要求してしまうこともあります。

でも、本当はみんななにかしら、
とんがったところやワガママなところ、
狷介さや傲慢さや皮肉なところなどを持っていて、
「完全にいい人」だなんて、
なかなか、ないことだろうと思います。

自分の中のとんがった部分や
自分でも認めたくないような激しさ、辛辣さなどは
誰でも、できる限り隠しておきたいものです。
でも、時にはそうした、
「いい人」にはとてもそぐわない激しい力が
望みを叶えるための原動力になったり
膠着状態を変えるための突破口になったりします。

「自分さえガマンすれば丸く収まるのだ」
と考えがちな人は、
なんらかのきっかけで、これがくるっと反転して
「相手さえガマンすれば丸く収まるのに」
という考えに至りやすいのだそうです。

理解するということは
頭の中にすでにあるなにごとかと
新しく外から入ってきたなにごとかが
しっかりと噛み合う、という現象を
意味しているのではないかと思います。

どんなに詳しく説明してもらっても
それがガチッと填め込まれるソケットが
自分の中にまだ、存在しない場合、
決して、本当の意味で「理解」することは
できないものだろうと思います。

自分の表情のバリエーションも、
自分の笑顔の美しさも、
ほんとうには、「見る」ことができません。

一方、私たちは誰かの表情の明るさや美しい笑顔に、
心を奪われたり、安堵させてもらったりします。
人の表情の威力というのはすばらしいもので、
ちょっとした微笑みが、不安にふるえる心を
一瞬で穏やかにさせることができます。

国境を越えるには、いろいろな手間がかかります。
たとえば、空港の出国ゲートから、
たどり着いた国の入国ゲートをくぐるまでの空間は
どちらの国でもない、
「どこでもない場所」です。

「人生の扉を開ける！」と言ったとき、
「こちらがわ」と「あちらがわ」
「過去」と「未来」
の境目は、
薄い一枚の「どこでもドア」みたいなものだ
とイメージしてしまいがちですが
実際は、飛行機で海外に出向くときのように
「どこでもない場所」を延々時間をかけて通り抜けて
やっと、新しい場所にたどり着ける！
という場合も、多いように思います。

「みなさんも何かうまくいったこと、
うまい発言ができたり、
うまい指導ができたりすることがあるでしょう、
教室の中で、ぱっと。
それをすばやく書きとめておいて、
自分の宝になさるとよいと思います。
それはびっくりするような自分の栄養になるものです。」

「第一、自分の仕事を愛するといっても、
どういうことなのかわからないでしょう。
ですから結局は、
まず、なくさないことではないでしょうか。」

国語教師の大村はま先生が、
後進育成のための講演で語られた一節です。

まず、なくさないこと。
日々、たくさんのものが流れ去ってしまう中で
自分の手から生まれた仕事を「残しておく」ことは、
旅先でスナップ写真を撮るのと同じように
ともすれば流れ去ってしまう「人生」のかたちを
意味のある線でなぞるような行為なのだと思います。

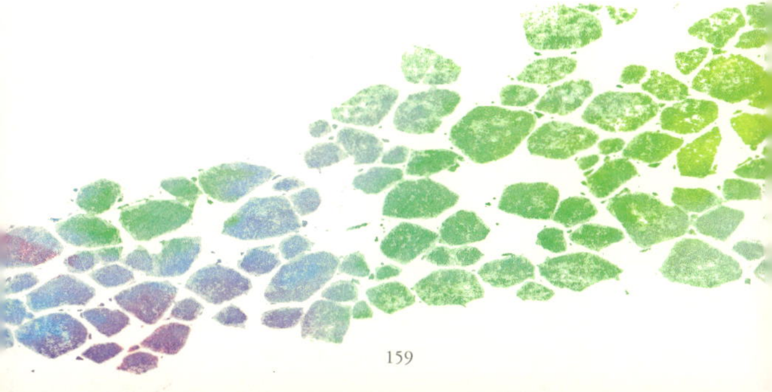

自分が持っている「力」が認められて
「一目置かれる」ようになったとき、
その「一目置かれているという『力』」を
新たに、使えるようになります。

「お返し」なんて本当はいらなくて
ただ、そのことを忘れないでいればいいだけ、
なのかもしれません。
ある人によれば、
「お返し」をしたとたんに
相手にしてもらったことは、消えてしまうのだそうです。
そこで「精算」されてしまうからです。
お互いの関係を「精算」しないために
お礼を言わない、という文化圏もあるのだそうです。

何かを理解するということは
何かを食べることに似ています。
かみ砕いて、消化して、血肉にしていくわけです。
このプロセスには、「時間」が必要です。
コアラがのたーっと木の上に寝ているのは
ユーカリを消化するためだそうです。
私たちも、食後はぼーっとしますし
食べてすぐ運動するとおなかが痛くなりますが
これは、
「食べた後、それを血肉にするには、
のたっとした時間が必要」
ということを私たちに知らせているのだと思います。

知識や経験も、その後の「消化」があってはじめて
自分の財産に変わっていきます。
一見、何もしていないような時間の中で
忙しく働いている臓器があります。

就職活動で「ご縁」という言い方をします。
「ご縁がある」イコール
「能力や人柄とは関係がなく、
あらかじめ関わることになっていた人がいた」
ということで
「ご縁がない」即ち
「人知を越えたことで、自分たちに責任はないのです」
という言い方なんだろうなと思います。

ある有名な劇団の主宰者が、
入団を希望した若者をテストして、不合格としました。
その後何年かして、不合格となった若者が
非常に有望な俳優として頭角を現し、
その主宰者と競演することになったとき、
主宰者は、彼を不合格にした過去を、
平謝りしたそうです。

人の才能や能力、可能性を
ちょっとした面接や試験で「見抜く」ことなど
なかなか、できるものではないのだと思います。
どんなに厳選したつもりの面接や試験でも
やはり「ご縁」と言うほかないのだろうと思います。

遠くにいる人にボールを投げるときは

普段からそれを得意としている人でない限り、

まず

「そこまでボールが届くかな?」

という不安が起こります。

精一杯投げたつもりでも、
相手の足元にすら到達しない場合もあります。
遠くまで何かを届ける、ということは
どんな場合でも、難しいものです。
ときには、何度か失敗を繰り返しつつ、
最終的に、
うまく「距離」を越えて届けることができます。

「できないから、やらない」。
「できるようになってから、やろう」。
そう思っているうちは、なかなか
「できる」ようには、ならないものです。
では「やってみた」ときに、
すぐに「できる」かというと
これも、そう簡単にはいきません。

頭で思い描く理想像と、
実際の自分の行動から生まれるものとは、
大きく違っています。
美しいアイデアが手の中から生み出されたとたん、
ありふれて陳腐な、くだらないものに変わります。

この悲しみや苦しさ、恥ずかしさに耐えて、
陳腐なくだらない結果を出し続けた暁に、
いつのまにか
「できるようになっている自分」を発見します。
陳腐な結果しか出せない自分に「慣れる」ことが
「できるようになる」ための、近道なのです。

「トラウマになる」という表現は
今では大変一般的に用いられます。
一度痛い目に遭うと、
「また同じ目に遭うのではないか」という警戒心を
捨てることができなくなるのです。
この警戒心が過剰になると、なにごとも
「ありのままに」見ることができなくなります。

そんな心の作用がわざわいして、
目の前にある素晴らしいものの価値がわからず、
差し出された貴重なものを受けとることを
拒んでしまう人がいます。
愛や夢や、たいせつなものを心から欲しがっているのに、
現実には、それらを手にすることを怖れてしまう、
そうした心のあり方を変えることは
非常に難しいことです。

そんな困った心の働きも、
変化する「秋《とき》」を得ることがあります。
それは、過去の辛い記憶が消えてしまう、
ということではなく、
その記憶を単なる「警戒心」以上のものへと、
咀嚼し、昇華できる瞬間です。

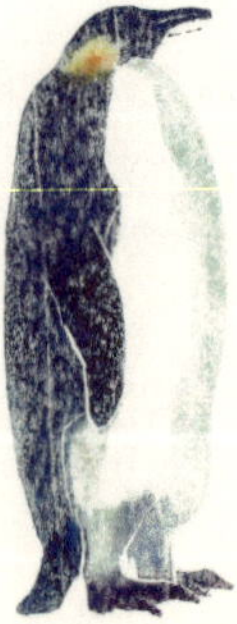

かつて自ら書いたレポートや作文を読むと、
何年も前の自分が、意外に深い考えを抱いていたことに
驚かされることがあります。

立ち止まり、振り向き、時にはしゃがんでみる。
そうすることによって、
自分の中に眠っていた力やアイデアを
呼び覚ますことができる場合があります。

この「しゃがむ」というのは
やってみるとなかなか、面白いのです。
子供の頃の視野と感覚が一瞬で蘇りますし
部屋の中でしゃがむと、
なくしたものが見つかることだってあります。

「ここにゴミを捨てないで！」と看板がある場所は
なんとなく人がゴミを捨てたくなる場所、なんだそうです。

人の心の中にも、そんなふうに
「なんとなくそこに、ガラクタを置いてしまう場所」
というのがあって
時間が経つうちに、だんだん、
大変なことになっていきます。

疲労、ムリ、身体的な負担、
コンプレックス、
罪悪感、後ろめたさ、ガマンし続けてきた気持ち、
嘘、言い訳、不要なプライドなど
さまざまな「ガラクタ」が存在します。
誰もがそういう部分を抱えていますが、
ガラクタがそこにあることに慣れてしまって、
実際に、それらがどんなに自分をジャマしているか、
ということに
気づかなくなってしまっていることもあります。

薄暗く狭い建物の中に入ってゆくと、
その奥に、小さな「中庭」が見つかります。
閉じているはずの空間の真ん中で、
空に向かって直接に解放された世界に出会ったとき、
「内側」の中に見いだした「外側」の広やかさに
驚かされ、圧倒されます。

これは、小さな池の中に魚を見つけたり、
座っている鳥のおなかのあたりに
抱かれている卵がちらっと見えたりしたときと
ちょっと似通ったインパクトを持っています。

何もいないと思った場所に、
命あるなにごとかを見つける驚きは、
ひたすら閉じているはずの場所に、
空と風と宇宙への広がりを見つける驚きに通じています。

「安物買いの銭失い」という言葉があります。
安いからとたくさん買ってしまい、
結果的に見れば、高くてもいいものを少し買ったほうが
トータルでは、安かった、というような意味合いです。
値段重視で、欠点をガマンして購入したけれど、
あまり長持ちしなかったり気に入らなかったり、
ということも、けっこうあります。

なんでも安ければありがたいことはありがたいわけですが、
もっと長い目で見たときに、
果たしてそれが本当に「お得」かどうかは
数字だけでは読み取れないのかもしれません。
なにより、「安さ」が購入の動機となってしまった時点で
本来あるべき動機が、
どうやら、すり替わってしまってはいないでしょうか。

これは、人間関係や、他のテーマにも
通底している仕組みのように思えます。

昔は、

パリに住んでいても、セーヌ川を越えたことがない
という人がめずらしくなかったそうです。
有名なお寺もほとんど訪ねたことがない
という京都在住の人に出会ったことがあります。

好きな相手に自分を好きになってもらうには
その人から小銭を借りると良い
というハナシを聞いたことがあります。
もちろん、時と場合によるのかもしれませんが
人は、自分がわずかにでも世話をしてあげた相手を
「信じたい」という気持ちになるものなのだと思います。

私たちは無意識に
相手が言おうとすることを左右しています。

たとえば、
怯えている表情の相手にきついことを言うのは、
どうも、ためらわれます。
一方、覚悟を決めている表情の相手を前にしたら
ごまかしは通用しない、という気持ちになります。

「相手は自分の鏡」とは、よく言われることですが、
オブラートに包ませるのも
歯に衣を着せさせないのも
もしかしたら、聞き手によるところが、
けっこう、大きいのかもしれません。

仕事や勉強の場では
「自分だけでひとりじめしていても仕方がないもの」
が、たくさんあります。
でも、それに気づかずに
「たくさんひとりじめすればそれだけ、
自分が強く大きくなる」
と思い込んでしまうことがあります。

この思い込みをしてしまうと
「ゆたかさ」から、遠ざかりはじめます。

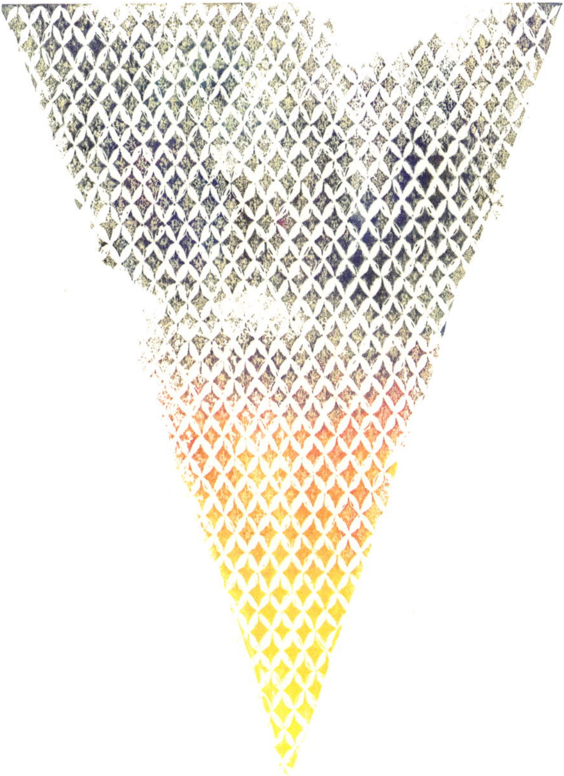

「もう、大人になったのだから、
これからは自由にしていいよ」。
そんなフレーズを、思春期から大人にさしかかる頃に
言われたことがあるでしょうか。
何かを自分の力で成し遂げたり、
社会的な力があると認められたりしたときに
「自由度」が大きくなります。
これまでは命令に従うだけだったのが
ここからは自分の裁量でやっても良い
という、レベルアップです。

誰もそう言ってくれなかったので
そのことに気づかないままの人もいます。
子供の頃に禁じられていたことの中には、
大人になればOKになることが、たくさんあるのです。

私たちは、
「ものごとは均等に、
まんべんなく、かたよりなく起こるのだ」
と無意識に想定しています。
ゆえに、物事が重なって起こると
「なんでこんなに重なるんだろう？
なにかあるのかしら？」
といぶかります。

一方、自然界を見回してみたとき、
水玉模様みたいに均等に散らばったものなど、
あるでしょうか。
むしろ、偏っていることのほうが「自然」です。
「出来事」もそうで、降れば土砂降りだし、
ないときはなんにもない。
そういう話を聞いたことがあります。

人の心にも、時間軸の中にも、
偏りや濃淡は「つきもの」なのかもしれません。

人の心と心の「結びつき」は
一般に言われるような「人間関係」のイメージとは、
少し違っています。
たとえば、相手が死んでしまったら、そこから先
「あの人との今の人間関係がどうこう」
という言い方はしないと思います。
でも、心の「結びつき」は、
相手が死んでしまったあとも消えることなく、
「あの人と私の心の結びつき」と、
いつになっても、そう呼ぶことができます。

過去の自分と今の自分を見比べると
はるかに世の中のことがよくわかっている気がします。
過去の自分の視野の狭さや価値観の単純さに
赤面してしまうようなこともあります。
ある程度の年齢になると
「世の中のことはおよそ、わかった」
というふうに、世界観を決めたまま生きてしまう人も
少なくありません。

この硬直が、
さらに強い光によって破られることがあります。
「そうか、こういう見え方があったのだ」というふうに
定期的に、自分の中にある閉塞した世界の殻を
打ち壊していく人もいます。

「できること」と「できないこと」を切り分けたとき
「いままで気づかなかった、できること」
が見つかることがあります。

やるべきことがたくさん見えているがゆえに
「どれもこれもみんなやらなければ」
「全部できない自分はダメだ」
などと、心の中で抱え込み、
自分を責めてしまう人がいます。
でも、「何もかも全部自分でやる」ことは、
一見、立派なことのようで
実際は、状況をかえって混乱させていたり
誰かの居場所を奪っていたりすることもあります。

「なにもかも！」
と思っているがゆえに見えなくなっている盲点が、
物事を切り離したときに見えてくる場合もあります。
「これは、できない」と認めることは
辛く悲しい、あきらめの作業でもありますが
そうした「切断」から
新たな「発見」が生じることも、あるのです。

一生懸命なにかを作って、それを誰かに手渡すとき、
「作るときの気持ち」と「相手に手渡すときの気持ち」とは
少しだけ、違っています。

作るときは自信を持って
「こういうふうにしたいのだ」考えます。
でも、相手に手渡すときは
「これで気に入ってくれるだろうか？
これでよかったんだろうか？」
というひやりとした疑念が、胸をよぎります。

自分が「こうしたいのだ」と考える段階から、
誰かの前で「これでいいのだろうか?」と感じる段階へ。

これは決して、自信を失うことではありません。
そうではなく、
ここからコミュニケーションがはじまる、
ということなのだろうと思います。

ある人がギターをつまびいたとき、
だれかがそれに合わせて歌い始めたら
ギターを弾いた人が、歌っている人の中から
歌を「引き出した」ことになると思います。

「歌って下さい」と頼んで相手を動かすのではなく、
自分がなにかをすることで
相手の中から自然に、
「動き」を引き出すことができたわけです。

かたちがきちんとしていることはいいことですが、
だからといって、
はみ出てしまう部分を否定することはないと思うのです。
美しく切りそろえられたサンドウィッチがあれば
切り落とされたパンの耳や具のはしっこが
どこかに、存在しています。
その部分だってきっと、
カリッと揚げられて誰かのおやつになったり
犬が夢中で食べたりしているわけで
それはそれで、世界全体から見れば
ちゃんと「滋養」になったのです。

「自制するというのは道楽のようなものだ。
なにが悪いといって、
欲望を抑えることに耽溺することほど
最悪なものはない。
実際はただ自分のなかにとじこもっているだけなのに、
そいつは、まるで自分がなにか
すごいことでもやっているかのような気にさせてしまう。」

カスタネダの「時の輪」の一節です。

宗教や倫理、道徳の世界ではたいてい
「抑えるべき悪いもの」と見なされる「欲望」ですが、
これは、私たちを外の世界に押し出す原動力です。
「欲望」を憎む人たちの言葉には
まさに「欲望」に根ざした「妬み」が渦巻いていることも
少なくありません。

人生の早い段階では
物事のプロセスは明確に切り分けられていることが
多いように思います。
練習段階で本当の試合に臨むことはありませんし、
受験生になったばかりの状態で
受験会場に放り込まれることはありません。

でも、大人になると、
練習中に舞台に押し出されてしまったり、
眠っているところをたたき起こされて現場に出たり、
というふうに
しばしば、段階がごちゃ混ぜになります。

混ざり合っている「段階」のひとつひとつから
できうるかぎりの力をあつめて、
むしろ、段階が分かれている場合よりもずっと
創造的な結果を生み出すことも可能です。

民話などの物語では、しばしば
一番愚かだと思われた人が、最も賢い道を選ぶ
というエピソードが描かれます。

自分の中に何人もの自分がいるとして、
そのなかで、
普段最も愚かだと思われている自分こそが
今目の前にあるテーマを
最もうまく解決できる自分であった!
なんていうことが、
けっこう、あるのかもしれません。

参加人数がハッキリしないのに
会場を予約しなければならない、とか
ものの量が未確定なのに
収納ケースを買わなければならない、とか
そんなふうに
「えいや!」という、なかば当てずっぽうの決断を
強いられる場面があります。

でも、そういうときこそ、
そのイベントや収納されるべきものの「本質」に
気づかされたりします。
「数量」ではなく、「内容」の側から
考えることが必要になるからです。

「ペンフィールドのマップ」とは、
脳の中での、感覚皮質の割り当てを示した図です。
これによると、
人の「手」は、脳の中で
とても大きな場所を割り当てられているのだそうです。

その手のひらをつかって、
私たちは人と関わろうとします。
すなわち、握手したり、手を繋いだりするわけです。
そのとき、ちいさな手のひらが、私たちの頭の中で
大きな世界のように感受されています。

だれもが
「成功に結びつく選択肢」を選びたいと考えます。
でも、そもそも
未来のことなどだれにもわからないのですから、
未来を基準にして現在を決定することは、
少々危険だと思います。

なぜこちらを選ぶのか？　と自問したとき、
「それを選ぶような人間でありたいから」
という理由が浮かんできたなら、
おそらく、それを選んで
あとで後悔するようなことはないはずです。

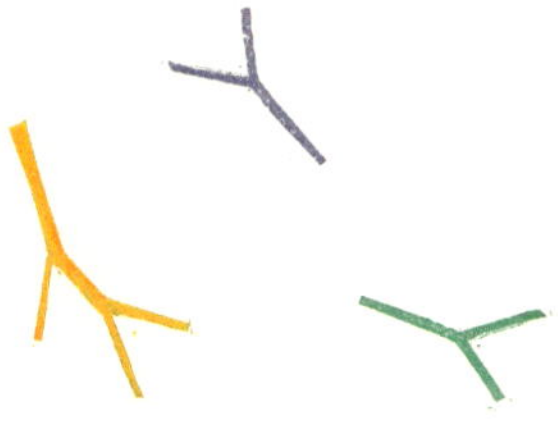

人との関わりが外へ広がっていくときほど、
「個人」としての心のやりとりが重要になります。
どんな集団の中に置かれたとしても、
「誰もが独立した一人の人間だ」という感覚が
長く続く信頼を生み出します。

童話「ムーミン」のシリーズに
「飛行おに」というオニが出てきます。
彼は、他人の願いを魔法で叶えることができますが、
自分の願いだけは、どうしても叶えることができません。

でも、誰かが「飛行おにの願いを叶えて下さい」と
彼にお願いすれば
彼は間接的に、
自分自身の願いを叶えることができます。

こうした仕組みは、
仕事や人間関係や、愛の世界においても
よく見られるように思われます。

他者に対して「許せない」と感じることは
自分に対しても「許せない」ものだろうと思います。
誰かがやったことについて
「許せない」という怒りを感じた後で
自分もひょんなことからそれをしてしまうと
「許せない」怒りは何倍にもなって自分に向かったり
あるいは、
増幅してさらに他者に向かってしまうこともあります。

道を歩いていて、誰かとぶつかりそうになったとき、
お互いに相手の動きを予測して、よけようとして
その「よける」動きによってさらに、
お互いの行く手が阻まれる
ということがあります。

相手の気持ちをお互いに忖度し、
相手を優先しようとしてしまったがゆえに
かえって、誰もが行き先を見失ってしまった
という展開は、ドラマなどにもよく描かれます。

「都合」というのは面白い言葉です。

都合が良い、都合が合わない、

勝手な都合、一身上の都合、などなど、

いろんな場面で使います。

「都」という文字が「すべて」という意味を持っていて、

「合計する」というのがもともとの意味だそうです。

誰にでも、自分の都合、というものがあります。
それは、自分の世界や心の中における、
いろいろな要素をすべて考え合わせてみて生まれる、
ひとつの条件のようなものなのかもしれません。
誰の中にも、複雑に入り組んだ感情や望みがあります。
自分の中にあるものが決して
「一色」ではないのを知りつつ、
他人にはつい「ハッキリして！」と、
「ひとつの色」を求めてしまいがちな私たちですが、
だれもが、
自分の中のさまざまな色合いをあつめあわせて、
苦心して合計したところで、
ひとつの「都合」を作っていくのだろうなと思うのです。

宝箱に宝物を詰めたのは
たいてい、自分以外のだれかです。
だれかが詰めた宝箱を探しに行く物語
だれかが持っていた宝物を手に入れる物語
というのはたくさんありますが
自分で宝箱に宝を詰める物語
というのは
なかなか、お目にかかれません。

たぶん、多くのお伽噺の中で
「だれかが詰めた宝箱」でなくてはならず
決して「自分が詰めた宝箱」ではないのは
理由があると思うのです。
真に価値あるものは、他者の手にあってから
自分に授けられるということ。
そして、自分に必要なものを
自分では完全には、知り得ないということ。
この2点が、お伽噺の宝箱の中身を
「他者」にゆだねる理由だろうと思います。

「君子豹変す」という言葉がありますが
かつて自分で決定したことの間違いに気づいたとき
正直にそれを認めてひっくり返すのは、
決して「悪いこと」ではありません。
方々に迷惑がかかるから…と思い悩んでいたけれど
思い切って口に出してみたら、
けっこう、すんなり喜んで受け入れてもらえた!
ということも、多いはずです。

大事なのは、全体の最終的な結果であって、
プロセスのすったもんだは、
わりと小さなことだったりします。
メンツが立たないとか、誰かに小言を言われそうとか
そういうことを回避しようとして
もっと大きな問題を
回避できなくなってしまう場合もあります。

「本当に怖れるべきこと」がなんなのか、を考えたとき
恐怖はしばしば、勇気に変わります。

初対面の、ある人と立ち話になったとき

「私の運勢どうですか？」

と聞かれたので

「今は仕事がとてもうまくいってるんじゃないですか？」

と言ったら

「恋愛はダメなんですね（はあ）」

と、ため息をつかれました。

そこで

「今年のこの月とこの月は恋に追い風が吹きそうですよ」

と言ったら

「でもそれまではダメなんですよね」

と苦笑いされ、さらに

「仕事がいいって言っても、今だけですよね」

と、ダメ押しされた方がいました。

これは、運の話というよりは

この人の、「人生観」の話だ

と思いました。

私たちは、自分が生まれ落ちる場所を
自ら選ぶことはできません。
生まれたところに営まれている人間関係や
自分を育ててくれる人々についても
それを、人生の始まりの時点で
自分で選び取ることは、不可能です。

成長するに従って、だんだんに
「選べる」条件が増えていきますが、
それでも「選べない」部分は、厳然と残ります。
自ら望んで選んだものにも、
望まないものがくっついていて、
それを受け入れざるを得なかったりします。

そんな「選べないもの」を、自ら選びなおす
という人生の手順を踏めることがあります。
たとえば、
昔は親の決めた相手と結婚「させられる」ことが
珍しくなかったわけですが、
最初は親の意向を「受け入れた」だけだったのが、
人生のどこかで、相手に深い愛情を抱くことで、
自ら「選びなおす」ような体験をした人も、
少なくなかっただろうと思うのです。

「運命の出会い」というとすぐ
「恋愛→結婚」と翻訳してしまう場合もあるわけですが
「運命の出会い」には、
もっといろんな種類があるのではないでしょうか。
フロイトとユング、ゴッホとゴーギャン、
マルクスとエンゲルス、
ロダンとカミーユ、ボニーとクライド、etc,.

歴史的に有名な人々の
「運命」と呼びたいような出会いをイメージすると
自分の人生にも、それほどハデでも有名でもないけれど
確かに、人生を変える出会いがあったなあ
と思えます。

あるいは「人生を変える」というより、
「人生を創る」出会い、というほうが、
ぴったりくるかもしれません。

「責任をとる」。
重々しい言葉です。

「後はおれが責任をとるから、
思い切ってやってみてくれ」
と言える上司が尊敬されたりします。
あるいは
「私が全責任を負いますから、やらせて下さい！」
と申し出たりすることもあります。

この場合の「責任」は、大抵
今の立場からの「進退」を意味していたり、
あとで誰が謝るか、とか、ペナルティを受けるか、とか
そういう意味であるようです。

ですが、もう少し他の「責任」のかたちも
あるのではないかと思うのです。
すなわち、ごくシンプルに
「最後まで、そのテーマに関わることをやめない」
ということです。

牢獄は、外の世界に対して、閉じています。
外の世界で安住の地を得られなかった人や
外の世界の不可解さを深く怖れている人にとって
牢獄は、ときには、ユートピアとなることもあります。

ユートピアとしての牢獄に住んで
牢獄にいることを嘆きながら
牢獄に守られて生きている人もいます。
扉にカギはかかっていないのに
決してそこから出ないと決めている人もいます。

「悩みの相談」の背景にそんな牢獄があるとき、
「悩み」は決して解決はしません。
その人は牢獄を嘆きつつも、
牢獄から出たくないのです。

牢獄を出るか、出ないか。
私たちの牢獄、
その扉の取っ手には、
深い迷いがまとわりついています。

「人の期待に応えたい」

と願ったとき、

その「人」を見つめてしまうと、

道筋がズレてしまいがちです。

一方、その人が「期待していること」、つまり

「取り組むべきテーマ」のほうに目を向けると、

相手の顔色に意識を向けなくても

最終的には自然に

相手の心に叶うような場所にたどり着きます。

「相手の目を見よ」とは
新人教育などでさんざん言われることですが
これは、大事なことであると同時に
なかなか難しいことでもあります。
ある調査によれば、多くの人が
「目は、光を受信しているかもしれないが
それと同時に『なにか』を放出している」
と感じているのだそうです。

目は、実際はなにも「放出」はしていないわけですが
確かに「目線」とか「視線」「目の光」という表現には
放射される光の線のようなイメージが含まれています。

子供の頃は、ケンカをすると、
感情が激してしまい、なかなか収まりがつきません。
でも、大人になると、
本当に怒っているわけではない、
なんらかの合理的目的のための戦い
というものを経験することになります。
目的を達したら矛を収めて、
議論などなかったかのようにニコニコつきあう関係は
めずらしくありません。

ごく和やかな関係であっても、
友情が感じられるようなインタフェースであっても
それが「ビジネス」である限りにおいて
私たちは常に、すべての関係者と
「戦って」いる状態に置かれていると言っても
過言ではありません。

幼い頃、愛情に恵まれずに育ったために
愛に溢れる家族を作ることを最優先に生きる!
という人もいれば
「自分には家族は要らない」と
人と近づくことを拒否して生きる人もいます。
同じような「過去」を経験していても
そこから導き出される「こうしたい」という欲求は
必ず同じ、というわけではありません。

一方、「守銭奴」となった人があるとき突然
自分が欲しかったものはお金ではなかったと気づいたり、
愛を拒否して生きる生き方が実は
何よりも愛を請う生き方であったりする
という物語が、あれほどたくさんあることを考えると
それほどドラマティックなものではなくとも
私たちは一般に「欲しい」と「欲しくない」とを
けっこう簡単に取り違えている、と
いうことなのかもしれません。

悲観は、恐れや不安、プライドなど
さまざまなものでできていますが、
そこにも見るべきものがある場合があります。
本来、悲観は、防壁を立てたり、
塹壕を掘ったりするために使うものです。

悲観する人は、
足元や手元、小さなことを見つけるのが上手です。
なんとなく悲観的になっている自分を感じたら、
できるだけ小さな「部分」に
視線を移してみるといいかもしれません。

小さな世界も、よくよく見ると、
けっこう広々としています。
その「小さな広さ」の中にしか見つからないものが、
不意に、見つかるかもしれません。

映画の最後にはかならず、
エンディング・クレジットが流れます。
製作に携わったすべての人の名前がそこに記されます。
ただ映画を見ただけで、
その膨大な製作者達の存在を「感じる」ことは
かなり難しいと思います。

私たちの生活にも、
そういうところがあるような気がします。
自分に見えている部分だけでは
自分の人生というドラマが
どんな製作陣で作られているのか
完全には把握できません。
人生、という大きなスケールでなくとも
たとえば「今日一日」に何人の人が関わっていたのか、さえ
完全に意識することは難しいのではないでしょうか。

お客様にお茶を出すのは
ここまで来てくれて、道中喉が渇いただろう
という心遣いがまず、一番の動機だろうと思われます。
でも、たとえば、
貴重な話をたくさんしてくれることを期待していた場合、
話をすると喉が渇くだろうから、
たくさん喉を潤してもらおう
という密かな下心（?）があっても
おかしくないかも、などと想像したりするのです。

前述はなんだかこじつけのようですが
「たくさん話を聞きたい」
「相手の持っているものを引き出したい」
と思ったら、
「水を向ける」とか「呼び水」とか、そんな具合に
相手が話したくなるようなきっかけを作ったり、
あるいは、「長くいてくださってけっこうです」
ということを表明するために
お茶やお菓子をいろいろお出ししたりするというのも
自然な「作戦」だろうと思います。

1000人の人にほめてもらっても
たった一人にけなされただけで
深く傷ついてしまうのが、私たちの心です。

一方、私たちは自分の「発信」が
どれほど人を傷つけるものかということについては
ひどく鈍感です。

社会的に、功成り名を遂げた人が
「なによりもこの成果を父に認めてもらえて嬉しい」
などと口にすることがあります。
どんなに偉い人にほめられるよりも、
どんな「その道の権威」にほめられるよりも、
自分の最も身近な誰かにほめられることが嬉しい。
人の心の喜怒哀楽というのは
そんな具合にできているものなんだろうなと思います。

ある道具を遊び半分にいじっていたら、
使い方がわかった！ とか、
適当にいろんな調味料を混ぜてみたら、
絶品のレシピを発見した！ とか
そういうことが、たまに起こります。

マジメに、教えられたとおりにやっていたのでは
絶対に出てこないアイデア
というのがあります。

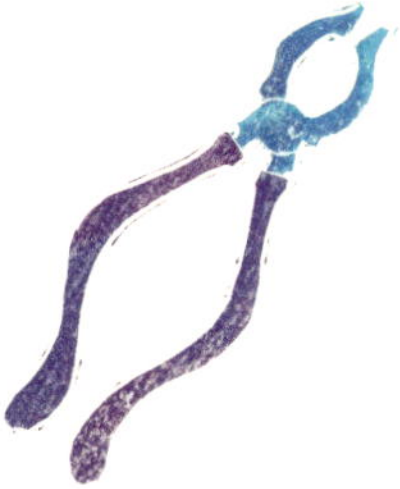

薬の「副作用」は、よく知られていますが
「副効果」
という言葉は、あまり用いられません。

実は、薬には、悪者の「副作用」だけでなく
思いがけなく意外な「効果」がもたらされることも
場合によっては、あるのだそうです。

交通機関が発達していなかった昔には
遠く離れた場所の生産物を食べるということは
非常に貴重な、ある意味「高価な」ことでした。
今でもそのことは完全になくなったわけではなく
基本的には、
地元のものを手に入れるのが一番安いでしょうし
遠くにあるものを取り寄せるということには
たくさんの人の手間と時間がかかっています。

「動かす努力」がなされたからこそ、
「貴重な価値」が生まれます。
手元にあるうちはありふれた、
ウンザリするほどたくさんあるようなものが、
遠く離れた場所に運ばれたとき、
輝くような特別な価値を持つ「貴重品」に変貌します。

かつて、あるコンテンツを
「お代は面白かったと思った方だけ、
額はご自由で結構ですので、お振り込み下さい」
という形で、販売したことがあります。

金額は人によってさまざまでした。
びっくりするほどたくさん振り込んで下さる方もいれば、
振込手数料のほうが、代金を上回る人もいました。
振り込まない人もいましたし、
2、3年あとになって、
謝罪のメールとともに振り込みをしてくれた人もいました。

集まった金額を足し上げて、
配信数で割ってみたところ、
私が想定した単価の倍ほどの金額となりました。

最近では「コストパフォーマンス」という言葉が
大いに流行っているようですが
「コスパ」にも、いろいろな感じ方があるのだ、
と思わされた経験です。

貴方を愛する人はいつも貴方の味方であるはずですが、
貴方が目指しているものが理解できないとき、
最大のカベやハードルになることもあります。
貴方を大切に思っている人ほど、
貴方の心にきざしているものが理解できないとき、
大きな障害物となって立ちはだかってくれます。

そんなふうに「立ちはだかってもらえる」ことによって、
見えてくるものもたくさんあります。
説得しようとして話している間に
考えが深く掘り下げられていったり、
覚悟が太く強くなったり、
あるいは、
自分の間違いに気づかされたりすることもあります。
身近な大切な人に
自分の歩む道をわかってもらう努力をする、ということは
なによりも自分自身のためになるのかもしれません。

全員が同じテレビ番組を見ていた時代は遠ざかり、
ある集団の中では常識であるような情報が
他の集団にはまったく知られていません。
別の集団に属する人に話すときは、
自分の世界では「常識だ」と思っていたことを
ゼロから話しださなければならないわけですが
あらためて、そうやってゼロから話してみたときに
新たな発見があったり、
わかったつもりになっていたことをもう一度
勉強しなくてはならない、と思えたりします。

旅行先の、シドニーの街角で
2つの警句が並んでいるのを目にしました。

「いつか貴方は今日という日を思い出すだろう、
だから、今日という日を、
思い出す価値のある日にしなければならない」

「何を成し遂げたかではなく、どんな人間になったかだ」

この2つは、どうも、
根っこのところで繋がっている気がします。

喜びは、向こうからやってくるもの
と思ってしまいがちですが、
自分から生み出す喜びというのも、多々、あります。
こう書くとなんだか
「努力次第」「気の持ちよう」などと思われて
味気ない気持ちになる人もいるかもしれません。
でも、庭にバラが咲く喜びは、
その人がバラを植えたから、発生します。
恋人の笑顔を見る喜びは、
その人が恋人の喜ぶことをしたから、発生します。
愛する人が抱きしめてくれるのが嬉しいのは
自分が愛しているからです。
好きじゃない人に抱きしめられても嬉しくないのです。
自分の中に愛する気持ちがあるからこそ、
喜びが発生します。
あるいは、美しいインテリアを完成させる喜びとか、
誰かにファッションをほめられる喜びとか、
みんな、自分のおかげで発生しています。

だれもが、誰かの力を借りて生きているわけですが
それでも、
「自分の足で立っている」という感覚を持つことは
とても大切なことです。

この「自分の足で立つ」というのは
「経済的に自立する」などの、
外的な条件のことではありません。
どういう生活のかたちであろうとも、
自分の意志や気持ちを、
自分のやりかたで責任持って充たしているかどうか
ということです。

かさこ地蔵とか、鶴の恩返しとか、

「特に見返りを期待せずにしてあげたことについて

　あとでびっくりするような返礼がもたらされる」

というお伽噺は、枚挙にいとまがありません。

これは、

相手を思いやって何かしてあげる、ということが

私たちが思う以上に大変に難しいことである

ということを象徴しているようにも思われます。

気持ちが変わらなければ行動も変えられない
と思い込んでいたのに
ちょっとアクションを変更しただけで
気持ちもがらっと変わってしまう
ということもあるものです。

自分の中に矛盾を抱え込むことは
決して、悪いことではないと思います。
あるテーマについて、
肯定の意見しか思いつかなかったなら、
否定的な意見を述べる人々に対して
「理解できない」
という気持ちしか抱けないからです。

否定的な意見も、肯定的な意見も、
どちらも「理解」ができた上で
敢えて、どちらかを選択している、という状態のほうが
きっと、柔らかな強さを持てるはずです。

人間が集まる場には、

家庭でも、会社でも、地域コミュニティでも、学校でも、

およそどんな場でもいつのまにか

「役割分担」ができあがります。

この「役割分担」を、時たま交換してみると
互いの結びつきを深化させたり、
リフレッシュしたりすることができます。

「試行錯誤」とは、
何かを試して、それがダメで、
何がダメだったのかを検証してまた試して、
でもやっぱりダメで、
もう一度違うやり方でやってみたら、
今度はちょっとだけうまく行ったけれど
それでもまだ完璧じゃなくて…
というプロセスを繰り返していくことです。

失敗を怖れる人は、これがうまくできません。
「試行錯誤」は、
失敗を前提として「やってみる」ことなので、
失敗することがある程度、わかっているわけです。
「失敗するとわかっているのにやる必要はない」
と思ってしまうと
そも、「試行錯誤」をスタートさせること自体、
不可能なのです。

子供の頃はみんな同じことをやらされ、
似たような生活をしていますが、
大人になればなるほどその生活は「十人十色」となり、
差が大きくなっていきます。
なんのお手本も見本もないところで、
自分の手で自分に合った生活や愛を見つけるのは
かなり難しいことなので
多くの人が子供の頃と同じように周囲を見回しては
「人とおなじか・ちがうか」を基準に
自分の生活をつくり出そうとしますが、
それは多くの場合、大してうまくゆきません。

「だれかのために、何かをする」
ということは、とても難しいことです。
「あの人のために」は「あの人のせいで」と
容易にすり替わります。

自分を犠牲にすること。
人の期待に応えようとすること。
それらがいつのまにか
「好きになってもらうための取引」や
あるいはもっと別の、
深い傷からうまれた不思議な取引に
結びつけられることがあります。

「ひとのために」の題目のもとに
自分を失いつづけてしまうような、
そんな悲しい生き方をしている人も
決してめずらしくありません。

ある化粧品会社のCM企画で
「容姿の自己評価と他者からの評価を、
モンタージュによって比較する」
という実験が行われました。
モンタージュスケッチの専門家が、
被験者の顔を見ないまま、2枚の絵を描きます。
一方は、被験者本人が自分の顔を説明したもの、
もう一方は第三者が被験者の顔を説明したものです。
2枚を比較すると、
第三者の意見によって描かれた肖像のほうが
明らかに、美しいのでした。

私たちは「内なる他者」の眼差しで
「客観的に」自己評価しているつもりになっています。
でも、それは本物の「第三者の客観」とは
かけはなれたものであるようです。

「解釈する」ことは、

「自分のものにする」ことです。

咀嚼し、消化し、血肉にすることです。

自分なりに「解釈」して初めて、

その対象が、自分にとって特別な意味を持ちます。

誰かの解釈を聞くことも大切ですが
最終的に自分のものにするためには
どうしても、
自ら解釈することが必要です。
自分の解釈は間違いではないかしら
と思うこともあると思うのですが、
間違っているかどうかよりも
解釈したかどうかのほうが、
重要なのではないかという気がするのです。
なぜなら、何かを解釈するということは
自分の意識が、その対象の中を旅するということであり
その対象を、一瞬でも「生きる」ということだからです。

「達人」の動作は、
あくせく早いものとは見えず、
むしろゆったりと、簡単にやっているように見えます。
でも、その効率は、驚くほどのものです。

私たちはなんでも
「短時間で習得したい」
「早くできるようになりたい」
と考え、早さこそが優秀さだと感じますが、
実際、「先へ、先へ」と急いでも
そこから、あの「達人」が見せるような
ゆったりと美しい動きが出てくることはありません。

「経験という名の牢屋」。
ある大学の入学式で、学長が語った言葉です。
自分が積み重ねた経験が、
自由な創造を閉じ込めてしまっていることに気づき、
愕然とした、という体験が
このように表現されました。

知識、経験、「こうやるものだ」という固定観念。
私たちは、時々そんなふうに
自分で自分を閉じ込めてしまうことがありますが
そのことに「気づく」のは、至難の業です。

「自分を好きになれない」と悩んでいる人を
このところ、たくさん見かけます。
でも、ムリして「好きに」ならなくても
いいのではないかという気がするのです。

たとえば、苦手な隣人と
どうにかうまく近所づきあいをする、というレベルで
「好き」になれなくても
なんとか、うまくつきあっていくことはできます。
「このひとはこういうひとだから」
ということさえわかっていれば
それなりに対処できるはずです。
「自分はこういう人間だから、
こういうときはこう対処しよう」
というふうに、
「嫌い」を「好き」に変えることなしにでも
なんとかやっていく
ことは、できるのではないかと思います。

小学校の、修学旅行でのことです。
夜、眠れない子達が騒いでいるところに
先生が入ってきて、こんなことを言いました。

「おうちと違うんだから、眠れないのがあたりまえです。
でも、昼間ずっと歩いたりして疲れているんだから
明日に疲れを残すと、バスの中で気持ち悪くなるよ。
眠れなくても、
横になって目をつぶってじっとしているだけでも
疲れは、少しはとれるんだよ。」

この言葉に従って、横になってじっとしているうちに
いつのまにか、眠ってしまうのでした。

「こうしなければ！」と思うと、なかなかできないのに
「しなくてもいいや」と思うと、
なぜか安心して、それができてしまうのです。
「忘れる」「諦める」
「緊張を落ち着ける」「元気を出す」など
「眠り」と同じように、
自分の意志ではどうにもならないことについても
先生の教えを援用できるのでは、という気がしています。

名門の学校に入学したものの、
どうしてもなじめずに
深く苦悩した学生が
煩悶の中に、ひとつの答えを見いだしました。
それは
「人生における唯一の真の安定は、
　不安定を享受することにある」
というものでした。
「こんなに素晴らしい教育を放り出すなんて、
お前は気でも狂ったのか？」
という父親の反対を押し切って
彼は「自分は自分のままでいよう」と決心し、
学校を辞めました。

「安定」と「不安定」。
それは、自分の心の中だけでしか
計れないものなのかもしれません。

「世間では、
たとえば盗人が家の中に立てこもってしまったのなどを
非常に強いものと感じがちだ。
しかし、敵の身になってみれば、
世間の人をすべて敵に回し、追い込まれて、
もうどうしようもない気持ちになっているのだ。」

宮本武蔵の「五輪書」の、一節の意訳です。

「敵」は、強いものに感じられます。
でも、「敵」の気持ちになってみれば、
怯えていたり、破れかぶれであったりと、
こちらから見えているようではないことも多いものです。
そのことがわかってみれば、
相手に対して自ら起こす行動も、
大きく変わってくるのではないかと思います。

ちいさな子供にシャボン玉を買って、
初めてやってみせるのは
大変、楽しいものです。
子供の目が大きく見開かれて
甲高い声を上げて喜ぶ様は、
とてもいきいきとして、美しく感じられます。

たぶん、シャボン玉をやってあげたり、
花火をやってあげたりして
一番楽しんでいるのは、子供ではなく
大人のほうなのではないかという気がします。
シャボン玉や花火それ自体の楽しさもありますが
それ以上に、
それを喜び、夢中になっている子供の「反応」が
なによりも楽しく、うれしいのです。

わからないことをわかるまで何度も聞く
ということは、けっこう、難しいことです。
ですが、
ごまかして適当に流したり、
聞きにいくことを遠慮したりして、
あとになって大問題になる！ ということも
めずらしくありません。

何かを理解することに「責任を負っている」場合は
「わからないけど、ま、いいや」で
済ませるわけにはいきません。
問いただしてしっかり理解することも
ひとつの「責任」です。

〈引用文献〉

P42 「こころの処方箋」 河合隼雄著　新潮文庫
P158 「教えるということ」 大村はま　ちくま学芸文庫
P307 「五輪書」 宮本武蔵　徳間書店
P304 「愛と心理療法」 M.スコット.ペック　創元社
P206 「時の輪」 カルロス・カスタネダ　太田出版

金色の鳥の本

2013年10月2日　初版第1刷発行

著者　石井ゆかり
絵　沙羅
装丁・本文デザイン　タキ加奈子(soda design)
編集　釣木沢美奈子

発行元：パイ インターナショナル
〒170-0005 東京都豊島区南大塚2-32-4
TEL 03-3944-3981 FAX 03-5395-4830
sales@pie.co.jp

編集・制作：PIE BOOKS
印刷・製本：株式会社アイワード

ISBN978-4-7562-4372-0 C0070
Printed in Japan